El hombre que se enamoró del sol y otros relatos

Estefanía Pérez Naranjo

Índice

Los dos Bardos

Ahora, que puedo aliviar mi alma. Ahora, que estoy segura de volverte a ver, ahora, hablo conmigo misma a solas. Nunca, nunca volveré a verte, jamás Te oiré cantar, ahora, que sé que nunca te volveré a ver despertar, que junto a mí no te oiré susurrar. No volverás. Jamás escucharé tus palabras. Bellas historias del agua, los ríos y la Mar.

Tu cuerpo, cuelga ahora. Ahora, Como un saco, vulgar, sin vida, tus bellos ojos convertidos en vidrieras. Tu garganta, forzada por la crueldad de la horca, no volverá a cantar. Bellas canciones del agua, los ríos y la Mar.

Yo soy ahora la que canta, en un "solo lastimero", siempre echándote en falta, siempre echándote de menos. Recuerdo, que dijiste, recuerdo, tu promesa: "Nunca me echarás de menos, yo contigo estaré siempre, envejeceremos los dos juntos. Pero antes de que la Muerte nos venga a buscar, cerca del agua te quiero llevar".

¡Cómo duelen tus palabras, si no es tu voz quien recita!

Estoy aquí, en peregrinaje, siempre buscando el agua que ha de devolverme la vida, la vida que caminó contigo hacia el cadalso. Estoy en movimiento, ya llego, veo algo azul a lo lejos. Hago mis oraciones, rogando al Cielo y al Infierno que me permitan llegar con vida al ansiado Mar. Estoy vieja, he cambiado, cada paso hacia lo azul de la distancia me mata por dentro.

Pero no me rindo. Un paso, otro paso. Siento la arena en mis pies descalzos, Dos pasos, el siguiente. Ya casi he llegado, estoy en la orilla, suspiro de alivio, cuando el agua cura mi cansancio, cuando el silencio lame mis pobres manos.

"Has cumplido tu promesa", le digo, aunque sé que no puede oírme, sí puede sentirme, al igual que yo lo siento a él. Oigo pasos a mi espalda, una voz que creía muerta canta "Cumplí mi promesa, pues has llegado hasta aquí". "No puede ser que sea él, tanto tiempo soñando con su regreso, y ahora me he vuelto loca". Pienso. Más se acerca, rompe la barrera y la distancia, vuelve a cantar "Yo no he regresado, tú has venido a mi encuentro. Has venido al Mar en alma, dejando atrás el cuerpo. Jamás me separé de ti, tú volaste al mismo tiempo, cuando llegó mi hora, tu alma decidió partir".

Entonces comprendo, mi rostro se vuelve joven, feliz. Le abrazo.

"El Solo ha acabado, la canción puede continuar"

Y ahí, justo en la playa, dos almas comenzaron a cantar:

"Cerca del agua te quiero llevar…"

Los ojos en la copa

Todas las cosas se mueven. Esperan impacientes a que no miremos para echar a correr y huir. Podéis comprobar que, si pasáis mucho tiempo mirando fijamente a una copa, no tardaréis en desviar la mirada, porque sabes que la copa puede más que tú. No importa cuánto tiempo aguantas ante ella, sabes que ganará, porque tú no puedes soportar su mirada sobre la tuya. Sí, he dicho "mirada". No penséis mal, claro que pueden ver, ¿cómo si no explicas el brillo en tus ojos al mirarla? No es el sol, son sus ojos, brillantes e invisibles, que se reflejan en los tuyos y les da un brillo inmerecido. Y es ahí donde todos desviamos la mirada, entonces todas las cosas a nuestro alrededor se mueven, se apresuran a marcharse antes de que tú puedas volver a ver. Por eso el mundo es una guerra constante entre ojos y copas, con muchas cosas en medio que esperan un resultado.

Quién se ha pasado tres años y dos meses mirando una copa. En el primer año, alrededor de Quién había alfombras, cuadros, muebles, paredes y un techo, el segundo año aún había cuadros y un techo. Este último año, Quién tiene sobre sí un techo sin paredes, que no tardará en caérsele encima si no deja su estúpida batalla y deja a la copa tranquila. Pero no lo ha hecho. Cuando Quién vuelva a tener un nombre, se dará cuenta de que a su alrededor ya no hay nada, y que todas esas personas que requerían de sus ojos y su mirada, se han marchado, todas con un cuadro o una alfombra bajo el brazo. La última que se fue, quiso cortarle a quién el cuello con la misma copa que él estaba mirando, pero no pudo. Empaquetó las paredes y se marchó.

Quién nunca ganará esa pelea. Cuando muera, sus ojos llorará y buscarán consuelo en los brazos de cristal de la copa, y la llenará de agua. Entonces todas las personas que aún recordaban el nombre de Quién beberían de esa copa, llenando más copas con más lágrimas. Ahí puede que cese la lucha entre ojos y copas, o bien puede que los ojos no quieran rendirse y manden a más Quiénes al mundo, aunque puede que así sea mejor. Sin Quién, las cosas no verían su oportunidad de huir, porque todas las cosas se mueven.

AñoBisiesto

AñoBisiesto sabe que no se recuperará ese Invierno. Murió asesinado por la Primavera, y AñoBisiesto no quiere volver a aparecer. Han pasado cuatro años, es su hora, su momento, pero AñoBisiesto no saldrá. No puede olvidar cómo la nieve se derretía sin poder él hacer nada. Recuerda a todos aquellos seres durmientes, que al despertar rompían el suelo desde dentro para salir de su escondite, desgarrando el cuerpo del Invierno. AñoBisiesto lo veía morir y no podía hacer nada. Él quería hacer que el tiempo pasase más lento, para retener al Invierno a su lado, él podía hacerlo, él podía hacerlo todo. Si él quería las horas se convertían en años, y los días en siglos. Así podría haber evitado que aquel Invierno se marchara. Pero él no se lo permitió. Con la última ventisca, besó los ojos de AñoBisiesto, en forma de reloj, la última risa fue la escarcha en las ventanas, y la última caricia, fue la última nevada. Un adiós triste, pero necesario según el Invierno. "Quienes viven poco, como yo" le dijo el Invierno a AñoBisiesto "la vida es maravillosa, y por eso sabemos cuándo hemos de marcharnos". AñoBisiesto abrazó los últimos copos de nieve, queriendo morir él también, pero todos sabemos que el tiempo no muere. Pasa, se para, vuela, pero nunca muere. Ahora AñoBisiesto no quiere volver. No le interesan las nuevas Primaveras ni los ardientes Veranos, tampoco quiere saber nada de misteriosos y sensuales Otoños. AñoBisiesto tampoco otro Invierno. Él quiere recuperar el que perdió.

Ahora, los segundos y los minutos mienten a AñoBisiesto cada cuatro años. Diciéndole que su Invierno ha regresado, le llenan el corazón de falsas esperanzas, rezando para que vuelva a enamorarse y olvide. Pero AñoBisiesto jamás olvidará. Espera imposible ante las insinuaciones de Otoños y Veranos, para recibir feliz al Invierno… Hasta que ve que no es el suyo. Entonces llora y se desgarra. Se arranca las agujas de los ojos en forma de reloj, lanzando engranajes por la boca y por las orejas. Llora y el tiempo se vuelve inestable y peligroso.

Durante los siguientes cuatro años AñoBisiesto no hablará con nadie. Esperará y los segundos volverán a mentirle, y él volverá a creerles. Porque por muy viejo que sea el tiempo, AñoBisiesto envejece muy lentamente y aún es un niño ingenuo, que todo lo cree y todo lo quiere. Un niño perdido que ya no sabe qué hacer sin la sabiduría de aquel Invierno.

Sangre, agua y estrellas

El goteo no cesa. Las gotas estallan como granadas de angustia y pena contra el pavimento. Los labios tiemblan y su mirada por fin se pierde. La rigidez invade el rostro de él, y a ella le invade el pánico. Ella llora y las lágrimas van a reunirse con la sangre del amor perdido. Sangre de agua. Sangre y agua.

Lejos, desde lo alto, el Azar observa la escena. Tristemente toca el violín de la pérdida. Qué triste que aquellos que tanto se aman y tanto se necesitan estén destinados a destruirse. El amado muere mientras el amante se queda en tierra sufriendo su partida. Con los ojos cerrados el Azar rasga las notas, recuerda cómo la Inocencia una vez le sugirió que si todas las almas del Cielo descendiesen, el mundo estaría poblado por ángeles, y sería un lugar hermoso. Un suspiro ahogado se le atraganta al recordar su propia respuesta.

"Sí" la dijo a la Inocencia "pero en el cielo ya no habría estrellas". Lanza el violín al vacío. ¡Qué injusto!, ¡qué injusto!. Vuelve a contemplar la escena. Ve el cadáver de él y que ella se ha marchado. Al Azar se le rompe el corazón, pero las lágrimas no brotan. Ni brotarán jamás. Los amantes a los que la muerte acaba de separar no son personas. Él es el agua y ella es la Humanidad... y él acaba de morir.

Poco a poco los mares se secan y los ríos desaparecen. No llueve, las nubes han quedado vacías de cualquier clase de compasión y ya no pueden llorar. Tampoco las personas, que andan dando tumbos por un mundo que pronto arderá en llamas.

El Azar contempla el mundo árido a sus pies. Como le gustaría llorar y curar esa sequía, pero no puede. Sus lágrimas no sirven. A su lado una nueva forma se aparece. Él se gira y la mira con odio. "¡Tú!" le grita a la Humanidad. "¡Caprichosa, ingrata!" continúa "¡Esto es culpa tuya! ¿no tenías suficiente con lo que él te daba? ¿Su amor no era digno de ti?" El rostro de ella está preñado de emociones, pero la maldición también la ha alcanzado a ella. No hay lágrimas. "Él no murió" le reprocha el Azar "Tú le mataste lentamente y haciéndole sufrir. ¡Eres incapaz de amar! ¡Solo he de decir que me alegro de que tus indignos ojos no puedan llorar su muerte!" La Humanidad se aleja del Azar, profundamente herida y huye. "¿realmente le quise?" se pregunta una vez escondida, "¿qué monstruo mata a la persona que ama, o no derrama lágrimas amargas por ella?" la Humanidad cae sobre sus rodillas pero el dolor físico no consigue arrancar el ansiado sentimiento. Se tumba sobre las rocas, duerme y sueña con aquel con el que ya no puede llorar. Ahora lo ve, su cabeza descansa sobre su regazo y sus ojos verdes se vuelven blancos. "No te vayas, no te vayas" le suplica ella, aterrada. "Lo siento tanto…"Él la mira por última vez y sonríe. "Te amé tanto y tan intensamente que acabé perdiéndome a mí mismo. No había sitio en mi corazón para algo que no fueras tú" Ella ahoga el llanto "pero,

¿sabes qué? No lamento ni uno de los momentos que pasé junto a ti" Todo en su mirada es ternura "porque te amo, te amé y te amaré siempre" Su mano cae de la mejilla de ella y choca contra el suelo. Ha muerto.

La Humanidad despierta. Está asustada, se siente sola. Su amor ha muerto. Su amor ha muerto... y ella tiene el rostro bañado en lágrimas, al fin. Su amor era real, era sincero.

Camina sola al borde del acantilado y alza los brazos, enviando un beso a las nubes. "Si sigues ahí..." murmura "quiero que sepas... que yo también te quería". Algo en su interior despierta y reluce como un nuevo sol. Crece hasta que las puntas de sus dedos tocan el cielo. Ella sonríe y deja que las lágrimas caigan de su rostro. Recorren los secos ríos, lamen la tierra y la bendicen. El Azar baila, loco de felicidad "¡Hay vida, hay vida!"canta junto a su violín.

La Humanidad desciende y se reencuentra con el hombre que surge de entre las olas. Se toman de las manos. El mundo se ha curado. ¿Servirá esta segunda oportunidad?

El Hombre que Quería Existir

"Tú te llamas Carlos" dijo la mujer a uno de los niños que la escuchaban "Son seis letras, no, qué digo, son más que seis letras, es tu nombre, eres tú". El niño la miraba sorprendido, hipnotizado por la sabiduría de sus palabras. La mujer le volvió a mirar "Jamás olvides tu nombre, mucho menos cómo escribirlo, porque si no sabes tu nombre, si no sabes reconocerlo entre un millón de letras, será como mirarte a un espejo y no encontrar a nadie reflejado, ¿y qué decimos de una persona sin reflejo? "Ahora se dirigía a toda la clase. Una mano se alzó tímida entre el mar de ignorancia. "Si una persona no tiene reflejo… ¿decimos que ha muerto?" La profesora sonrió, con aire misterioso, "Mucho peor" dijo "Decimos que no existe" Y dicho esto cerró la ventana, con un sonido que a todos les heló la sangre.

El hombre pegado al cristal se apartó de la ventana rápidamente, agarrándose el corazón con ambas manos, intentando recordar cómo se respiraba. Las palabras de la mujer le martilleaban el cerebro, "No existes" se decía, "No existes". Dejó caer su peso contra la pared, arrastrándose y con la cabeza echada hacia atrás, fue a dar con sus huesos en la nieve, que cruelmente mordía los pies descalzos. "No existo" se dijo en voz alta. Se abrazó las rodillas, dejando a sus lágrimas recorren sus piernas, llegando en forma de ríos hasta el suelo, fundiéndose con la nieve y convirtiéndose en Nada. Lágrimas de Nada lloradas por Nadie recorren ahora las frías calles se cuelan por las alcantarillas, llegan a las casas.

Buscan algo. Buscan un nombre. Saben que lo han perdido, pero no recuerdan cómo. El horror les invade al encontrarse un espejo y ver que ya no tienen reflejo, sin identidad, unas lágrimas no significan nada. Jamás se sabrá por qué fueron derramadas, si de pena, si de alegría, si de esperanza.

Elhombrequenoexiste camina solo por la calle. También las lágrimas le han abandonado. Ve a la gente pasar, pero la gente no lo ve a él. Es invisible, es un fantasma. Está vivo, pero la gente no lo sabe, y si el mundo no te conoce, si nadie sabe que alguna vez viviste, que alguna vez amaste, que odiaste o que moriste, entonces será como si nunca hubieras nacido. Vivimos para ser recordados, y los recuerdos se alimentan de nombres, un nombre que Elhombrequenoexiste no tiene. Las personas que alguna vez supieron quién era, han dejado morir de hambre a sus recuerdos. No fue difícil para ellos, pues los recuerdos fugaces son débiles y mueren pronto... Elhombrequenoexiste no quiere morir. "Pero para morir..." piensa "primero he de nacer". Entonces se da cuenta de que eso ya lo ha hecho, porque no lo puede repetir. En la vida, nada sucede una única vez, salvo nacer y morir. Dado que ya ha nacido, antes de morir debe hacer esas cosas en la vida que suceden más de una vez. Empieza por reír, después, respira profundamente. Al ver que puede reír y respirar, se siente más humano, y más visible. Pasa el día intentando recordar cómo era vivir. Ríe y habla consigo mismo, llora, sufre y luego vuelve a reír. "Qué bonito es vivir" piensa él. Ahora necesita probar que existe.

Sigiloso como una sombra, se acerca a un puesto de frutas, y rápido como una serpiente agarra un buen puñado de fresas y echa a correr. "¡Ladrón!" Elhombrequeestáempezandoaexistir se esconde en un callejón, "¡Tengo nombre!" grita feliz. Ahora se llama Ladrón, y se siente muy orgulloso de sí mismo. "Necesito aprender a escribirlo, solo así volveré a existir". A lo lejos ve a unos niños haciendo dibujos en la nieve. Escriben algo ayudándose de una rama carcomida y vieja. "Ahora ya existo" se dice a sí mismo" puedo pedirles que me enseñen a escribir mi nombre". Decidido, se acerca al alegre grupito, que al ver al Hombrequeyacasiexiste huyen despavoridos, solo uno queda en escena, el más pequeño y el más enfermizo, que ya no le quedan fuerzas para correr. "Yo no tengo dinero, buen hombre "dice el niño" moriré bien temprano, según los médicos y el mismo Dios". Se sienta en la nieve y repasa con los mugrientos deditos su nombre escrito en el hielo. "No quedará de mí más que este nombre. En los recuerdos de mi madre, en su mente, solo seré un nombre porque ya no se acordará de mi semblante" el niño mira el Hombrequeyacasiexiste "Yo no quiero ser un nombre, quiero ser una persona" y entonces llora. El Hombrequeyacasiexiste se arrodilla junto al niño y lo abraza. Él siempre había querido un nombre, y ahora descubría que en el mundo existían personas con nombre que deseaban librarse de él. "¿Usted tiene nombre?" pregunta el niño, "Ya no lo sé" dice el Hombrequeyanosabeporquéquiereunnombre "Creía que tenía muchos, De pronto tuvo uno, Ladrón, pero ya no me gusta tanto" "Yo puedo regalarte mi nombre, si quieres" dice el niño, "yo ya no lo quiero, quiero dejar recuerdos, no unas cuantas letras" El Hombrequeyavaatenernombre abraza y besa al niño enfermo, quien ríe feliz. "¿Y cómo te llamas?" el niño señala el nombre en la nieve. "Este es mi nombre" "Yo no sé leer" se lamenta el adulto. El niño se sorprende "leer es muy bonito, y también muy fácil de aprender. Tú puedes empezar con estas letras: V-A-L-I-E-N-T-E". El hombre observa y escucha las palabras del niño completamente embelesado "¿Y qué quieren decir esas letras?" pregunta. El niño sonríe "Valiente, quiere decir valiente porque hace falta mucha valentía para tener un nombre y saber llevarlo con orgullo", el niño abraza a Valiente por última vez "Usa bien mi nombre, yo ya no lo quiero, de ahora en adelante soy un alma, no unas letras", hasta siempre Valiente" y el niño se va, feliz y sin nombre. Con corazón y sin preocupaciones. Valiente se echa en la nieve, saboreando los copos que se le cuelan por la boca, y respira como nunca antes lo había hecho, tranquilo. "Existo" se dice en voz alta, y se queda dormido".

El Hombre que se Enamoró del Sol

Él no tenía ojos. Su mundo era oscuro. Sumido en las tinieblas, su vida era una sucesión de sombras y figuras sin forma.

Él no tenía alma. No existían personas amadas, ni personas odiadas. No existía el mundo, porque sus ojos de cristal no podían contemplarlo. Aislado vivía, dudando de su existencia al no poder ver sus manos, dudando de si valía o no valía la pena seguir respirando.

Pero sí valía, vaya si valía. Él debía seguir viviendo, porque deseaba, soñaba, anhelaba a otro ser con toda la fuerza que a sus ojos le había sido privada. Deseaba a aquello que le hacía sentirse vivo. Un ser ardiente, radiante, capaz de aportar un resquicio de luz a su mundo de sombras. El ser besaba con su calor los muertos párpados cada mañana, sobre él reposaba, acariciando con su tibio aliento el cicatrizado pecho, descansando junto a él hasta el final del día, cuando marchaba sin dejar rastro. Él sufría con cada despedida. Quedándose a oscuras con su miseria como única compañía, esperaba desesperado el amanecer de un nuevo día. Pero la noche es larga y no hay amargura comparable a la de saberse traicionado en una noche así, cuando, atrapado entre los gemidos helados de la luna, oyó el grito ardiente que él había amado.

Infidelidad. Traición. Celos. Sus lágrimas estaban cargadas de palabras similares. Sus ojos sin vida le enseñaron aquella noche lo mucho que puede sangrar un corazón roto. El calor de aquel ser era solo suyo, únicamente suyo y se lo habían arrebatado. El odio empezó a crecer dentro del maltratado y ciego corazón, se apoderó de él, borrando cualquier rastro de amor que alguna vez pudo existir, Pasaba los días encerrado, maquinando, planeando cómo recuperar los besos cálidos en su cuello, cómo extirparle al cielo aquellas tardes de fuego y deseo. Cómo recuperar lo que había sido suyo.

Por las noches, oía al amante yacer junto a la luna. Oía sus respiraciones, acompasadas, idénticas. Cómo odió aquel sonido apaciguado y tranquilo, que a sus oídos se hacía asqueroso y repulsivo. Cómo deseó estar muerto, cómo deseó vivir para siempre. Recluido en su odio, la mente deliraba, anhelando la fiebre del amor perdido, el subconsciente se ahogaba en lágrimas, fue perdiendo poco a poco el aliento la conciencia. Su cabeza daba vueltas, perdida en su propio mar de angustias, de pronto, el cerebro descansa. Han llamado a la puerta. La locura entró en su vida.

Locura y egoísmo doblegan el cuerpo. Odio y tristeza lideran las tropas de la muerte. Él quiere volver a sentirse amado. Quiere sentir calor, todo el calor que le fue robado ya no es suficiente. Él quiere más, mucho más. Se vuelve egoísta y avaro. Que el mundo sufra, que el mundo llore. A él no le importa. No sentir frío es lo único que quiere. Llora al sentir sus manos congeladas. ¡Pobre criatura ciega, llorando su desdicha! No se da cuenta de que sus propias lágrimas arden, que su corazón deshilachado quema, ni de que el odio concentrado en su pecho irradia más calor que cualquier Sol.

Salió la criatura sin ojos al exterior y encontró al ser que había amado, tan radiante, tan perfecto, tan inalcanzable ahora. Lo busca, pero sus ojos no ven nada, sabe que está ahí porque su luz le quema con dulzura el rostro, pero no le encuentra. Alza las manos, impotente, buscando un rostro que no existe, un amor que nunca estuvo, una esperanza creada a partir del deseo del amor, representada en la magnífica sensación del calor.

Es aquí cuando él se rinde, de rodillas implora, ruega, perdona. Su amante inhumano le observa desde el cielo, con sus rayos dorados iluminando únicamente al hombre ciego.

- ¿Por qué me haces esto? – Llora él. - ¿Por qué he de sufrir en esta nada interminable? ¿Por qué el resto de los humanos puede verte y, sin embargo soy yo el único que te ama? ¡Responde, respóndeme! ¡Quiero verte y alcanzarte!

El ser radiante no puede hacer nada. La mente enferma de una criatura sin ojos ha creado un romance a partir de una sensación. Un calor incondicional y hermoso, pero sin ninguna otra intención que la de arrancar el frío de los cuerpos débiles de los humanos.

¡Quiso el cruel destino que el día cayera! ¡Quiso este dejar a aquel pobre hombre solo en la frialdad de la noche! El ciego cae sobre la hierba, exhausto y desconsolado. No tiene fuerzas para nada, ni siquiera distingue el sueño de la realidad al quedarse dormido, pues la negrura de su vida no se distingue de la onírica.

Una sombra aparece en sus pesadillas. Cubre su mente de un mantel de mentiras. Le seduce a caer y él cae. A él no le importa ya. La sombra del rencor y la locura se extiende, lamiendo su cuerpo, dejándole un sabor a falsas esperanzas. La sombra le abraza y ya no le suelta. El hombre se aferra a ella, desesperado. Es lo único que le queda, se siente solo y agradece aquel falso abrazo. Quiere amar, quiere ser amado.

Pero la vida es injusta y Dios sabe que las sombras no aman. En el instante en que tuvo acceso a todos los escondites de su cuerpo, a todas las esquinas del alma, se incendió. Se quemó viva abrazada a él, abrasándole por completo, dejando su cuerpo tan blanco y calcinado como sus ojos muertos. El hombre gritó, gritó nombres, maldiciones, gritó auxilio un millar de veces y nadie le escuchó. Aprovechando el refugio que la boca abierta y desencajada le proporcionaba, la sombra en llamas se coló por su garganta, haciendo arder las entrañas. Destrozándolo todo a su paso: Pulmones, arterias... Haciendo hincapié en el corazón para provocar más dolor. Reía, reía encantada al ver cómo él sufría, cómo él se iba deshaciendo poco a poco...

Destruido el cuerpo y desgarrada la garganta, la sombra se marchó, satisfecha. "El mundo es cruel" murmuraba, relamiendo su propio cinismo. Pero el universo, sin darse cuenta, le había hecho un favor a aquel pobre hombre. Sin ojos, no podría ver en lo que se había convertido.

Murió el hombre y apenas se dio cuenta. Solo cuando fue consciente de que piernas, brazos y torso ya no existían. Cuando siente que está podrido y completamente vacío, sabe que puede morir.

Nadie sintió aquella noche el vacío que dejó su muerte.

Al amanecer, solo el Sol vio las cenizas. Únicamente el amante traidor e inexistente llora su partida. El mundo oscurece y nadie lo nota, porque el mundo ya es oscuro. La sombra tenía razón, el mundo es cruel y todos somos ciegos sin ser conscientes de ello. Llueven lágrimas y a la gente no le importa, ¿quién se iba a acordar de tan extraña y neurótica criatura? No era más que un hombre enfermo, ciego e ingenuo. Encontró la muerte en la pira del odio, consumido por su fuego, tras haber sido cruelmente reprendido por las llamas del amor.

Traslada el viento sus cenizas, soplando con cariño heridas de un cuerpo degradado. Lo mece y arrulla para dejarlo descansando en la cima del mundo. Donde jamás hace frío. Donde no entran las sombras ni la locura. Donde no volverá a sufrir.

Es, desde entonces, este lugar el primero que toca el Sol cuando amanece. Arrepentido besa cada mañana sus cenizas, demorándose, retrasando un nuevo día. Al hombre de cenizas le hubiera gustado tener de nuevo una boca con la que suspirar y poder responder a sus besos. Le hubiera gustado poder sonreír y demostrarle al mundo entero que es feliz. Y, aunque ahora carece de manos, el Sol agradece sus abrazos, aunque carece de voz con que decírselo, el Sol sabe que le ama.

Es en la cima del mundo donde descansan las cenizas. Dicen que sus ojos no forman parte de los restos, que se derritieron y se convirtieron en lluvia, que sanaron y ahora contemplan el mundo. Pero es el corazón el que, reducido a polvo, siente cada día el calor del amanecer. Sin sentir nada más que felicidad, se unen sus cenizas a la tierra, quien le recibe con los brazos abiertos.

Sin ojos que cerrar y una sonrisa creada por unos labios que ya no existen, duerme el alma, por fin tranquila, sabiendo que su destino a partir de ahora será descansar. Descansar por siempre y por siempre en paz.

Las Dos Manos del Destino

Al dormir, todas las personas son iguales. Es la misma respiración; es la misma calma. Todos los pechos suben y todos los pechos bajan. Todos soñamos algo, y a todos nos cuesta despertar. Pero aquí no hay sueño, solo una espera. No hay calma, hay pesadillas. Ambos corazones desbocados, temerosos del tiempo y del olvido, luchan por abrirse paso a través de la piel y el hueso. Aterrorizados, gritan "¡Socorro!" y nadie les escucha. Se ahogan poco a poco en sangre envenenada, mientras la enfermedad, lentamente, se cuela por ambas bocas.

Hay dos camas y hay dos cuerpos. El primero es pequeño, y el segundo es inmenso. Son lo puro y lo maligno. Un niño y un asesino, que luchan ahora por lo mismo, dos corazones que gritan a coro "¡Auxilio!".

La puerta se abre, y nadie lo nota, porque nadie vive en esa habitación. Tan solo dos cadáveres latentes, atados a la vida mediante cables. El hombre que acaba de entrar no es un hombre. Va vestido de payaso, le gusta gastar bromas y se llama Destino. Se acerca sonriente a la cama del niño y posa una mano blanca en su frente. Pero ¡oh! ¡Qué cruel y despistado puede llegar a ser este hombre vestido de alegres colores! Pues la mano utilizada es la izquierda, portadora de malos pensamientos y de la muerte. El niño duerme con los ojos abiertos, un gesto de asco y repulsión afea su cara al sentir ese nuevo veneno que ya se expande por su cuerpo, hasta llegar al cerebro. Como una serpiente, abraza y lame la mente del infante, robándole cualquier brizna de inocencia y luz que en ella pudiera quedar. La blanca calavera se estremece bajo la fría piel. Entumecidos, los músculos empiezan a helarse, y de las cuencas vacías de los ojos brota la última lágrima, que al llegar al suelo se ha convertido en cristal y se ha hecho añicos, en un hermoso sonido de adiós y tristeza.

Los zapatos del payaso pisan los trozos de cristal esparcidos por el suelo. Sin darse cuenta de su error, pasa la mano derecha en la frente del asesino. La luz ilumina de repente todos los rincones oscuros de su pasado, perdonándolos, dulcificándolos. De pronto las heridas le duelen menos y su respiración se vuelve serena. El arrepentimiento y la tristeza abrazan el maltratado corazón, lo besan y lo mecen para que duerma tranquilo y sin miedo. El hombre en la cama sonríe.

El Destino se coloca su sombrero de copa, y se asegura de aún llevar puesta su nariz roja. Suelta una carcajada histérica y demente y tan súbitamente como vino, se marcha. El payaso se ha ido, pero la huella de su error es inmensa. El niño condenado empieza a soñar...

Está solo, como lo ha estado toda su vida, y está encerrado en una caja de cristal. Desde ahí puede ver el exterior, y lo que ve le rompe el enfermo corazón. Es una familia, todos se quieren y se abrazan, nadie llora. Es su familia y nadie llora que él esté a punto de morir. Grita, pero no le oyen, con los pequeños puños golpea el cristal y se hace daño. Nadie lo toma en sus brazos, nadie le pregunta si está bien o si le duele algo. Nadie le canta nanas. Nadie le quiere. ¡Nadie! "¿Por qué?" piensa él, lamiéndose las manos sangrantes "¿Por qué?" De pronto todo se oscurece. Su prisión ya no es de cristal, es de periódico. En todas las hojas reza el mismo mensaje:

"Vigila al payaso chiflado, fue el responsable del error"

El niño no lo entiende. Sacude la cabeza y se abraza las rodillas. Quiere llorar, pero ya no le quedan lágrimas. Un hombre vestido de negro le tiende una mano llena de garras el niño la toma, mientras las babas y la codicia de este nuevo individuo deshacen su cárcel de papel. Ya no hay nada que podamos hacer por este joven ángel enfermo y maldito. Las manos llenas de garras lo alzan y lo abrazan. Ha caído.

En la cama de al lado, el asesino también sueña. Revive cada escena de su vida, y se arrepiente de cada error que cometió. Ya no podrá olvidar las caras de horror que contempló. Mucho menos el hecho de que el culpable de ese horror fuese él. Revive cada paliza que le dieron, cada humillación, cada insulto. Se hunde en su propio pozo de fantasmas, para ser más tarde rescatado por una cuerda de besos, de abrazos, de ternura. Los buenos recuerdos se alojan en su mente y ya no le abandonan. Su alma condenada se purifica siendo perdonada, dándole el don del arrepentimiento, se le da una segunda oportunidad. Lentamente abre los ojos, y aún más lentamente se incorpora. Sin poder creerlo, posa los pies descalzos en el suelo y se levanta.

Ríe, ríe y es feliz. Apresurado, se dispone a salir de la habitación, pero justo cuando toma el pomo entre sus manos, algo le hiela la sangre. Se vuelve y encuentra ante sí otra cama, otro rostro, otra historia. Se acerca y mira al niño, ahora tiene los ojos cerrados. Con infinita pena acaricia los pómulos rotos para siempre, pasa los dedos por esas mejillas que nunca lucieron sanas. La compasión le hace sentarse en el borde de la cama. "Pobrecillo" murmura, y se acerca a darle al niño un beso en la frente. Craso error. El niño condenado huele en ese hombre el olor del don que a él no le fue concedido. Todo por un error de ese payaso al que nos empeñamos en llamar destino. Furioso, el niño abre los ojos y grita, asustando al hombre a su lado. El adulto lo mira... y se arrepintió de haberlo hecho. En los ojos de aquel niño encontró todo el odio, todo el rencor, todo el asco y toda la oscuridad del mundo. Se vio a sí mismo reflejado en esos ojos, y el miedo le paró el corazón. Con una fea mueca, cae y su cabeza choca contra el piso. Irá al infierno por no haber aprovechado su segunda oportunidad, y su castigo eterno será no poder olvidar esos ojos llenos de odio.

Fuera del hospital, unos hombres ven a un payaso paseando por el jardín, oliendo las flores. Se sienta en un banco, y se rasca pensativamente la barbilla. "Creo que he cometido un error..."

La Vasija de Plata

Sobre la mesa oscura hay una inmensa vasija de plata. Cuando la familia la recibió como un regalo, fue relegada a una esquina, casi escondida tras el pomposo sofá de la sala de estar, y cada vez que a un miembro de la familia le sobraba alguna moneda, la echaba en la vasija. El ruido hueco y sonoro del cobre al chocar contra la despulida plata creaba una atmósfera de leyenda en aquella casa tan normal, y aunque los habitantes de la misma no se daban verdadera cuenta, siempre apreciaron aquel sonido.

Con el tiempo aquel sonido grande y hueco y lúgubre fue cambiando. Sonaba más lleno, más corto. Menos a plata y más al cobre que da la bienvenida al cobre. La vasija había ido atesorando las pequeñas monedas con una paciencia solamente digna de aquello que no está vivo. Y de la misma manera se habían ido llenando los corazones de la familia. El efecto de aquel sonido de abundancia los volvía generosos, alegres. Sus rostros, una vez crispados y nerviosos habían ido adoptando aquella expresión relajada del que no tiene que preocuparse jamás demasiado. Fueron tiempos felices para aquella casa tan normal y tan común.

Pero por muy buena que sea la cosecha un año, nadie puede evitar la llegada del invierno.

Un hombre va bajando la calle con las manos en los bolsillos y la cabeza gacha. Sus propios fantasmas lo siguen de cerca bajo las parpadeantes luces de las farolas. La voluble actitud de la luz esa noche da a los fantasmas un aspecto aterrador, y el hombre hace esfuerzos inhumanos para no tener que volverse y mirarlos de frente. Nadie le había dicho que la felicidad tuviese esa segunda cara. Que la propia confianza en sí mismo que uno había ido ganando a sangre y fuego se pudiera volver en su contra de una manera tan cruel. Sus ojos se llenaron al recordar que sus bolsillos estaban vacíos. No quería volver a aquello. Sentía frío en el pecho, en el mismo lugar sobre el que una vez había dormitado una cartera reluciente, ahora solo había un bono de apuestas que valía tanto como él mismo en aquel momento.

"Nada" susurraron los fantasmas tras él, y los ojos llenos liberaron por fin su triste carga de lágrimas.

Sus pasos arrastrados lo guían hasta su puerta, la cual abre con desgana, las lágrimas ya resecas bajo los párpados. Un sonido vibrante y permanente flota sobre las habitaciones, haciendo que los que duermen se remuevan en su sueño. Lleva tanto tiempo vibrando, de una manera tan sutil y encantadora, que nadie había reparado en él hasta ahora. Y el hombre, al abrir la puerta, se lleva las manos al cabeza, horrorizado. Ese ruido, ese ruido... ¿Cómo pueden dormir todos con ese ruido infernal sobre ellos? ¿Cómo no lo oían? Recorre el único pasillo y se va asomando a las habitaciones. Contempla a la niña dormida. Qué grande le parece de repente, adónde se habría ido la niña que una vez fue. En la siguiente habitación descansa el pequeño, y al hombre se le encoge el corazón al ver que el pulgar ha vuelto a su costumbre de ocultarse entre los labios finos del niño, que con la otra manita se aferra a la manta buscando calor. La habitación estaba repleta de nuevos juguetes, pero qué solo le pareció que se encontraba. ¿Cuándo había dejado de dormir con su hermana? Continúa, ignorando el espejo del baño, que en la oscuridad parece olvidar reflejar su imagen y llega a la habitación donde duerme la mujer, inquieta bajo las sábanas.

El primer impulso fue el de inclinarse y besarla. Parecía que habían pasado siglos desde la última vez que sintió la urgencia de besar a la mujer, y el propio sentimiento se le antojó extraño, casi ajeno. El siguiente impulso fue el de apartarse de la cama y volver sobre sus pasos, los fantasmas, que lo seguían de cerca, comenzaron a susurrar sobre su hombro. Ella se enfadará, armará un escándalo y despertará a los niños, tú no quieres eso. Sabes cómo la odias cuando se enfada. Te dirá la verdad. Te dirá que no vales nada, que lo has echado todo a perder.

Los nudillos se vuelven blancos y solo entonces se da cuenta de sus manos sobre su sien. Casi había olvidado el ruido. Seguía vibrando sobre ellos, y sin embargo ella solo fruncía el ceño en sueños, arrugando la nariz. Recordó cómo una vez llegó a adorar ese gesto, y cómo ahora sencillamente lo deja pasar. Una parte de él sigue llorando, buscándose a sí mismo en esa indiferencia, en esas lágrimas secas derramadas por papel y no por carne.

El segundo impulso vence sobre el primero y el hombre vuelve sobre sus pasos hasta ponerse de nuevo frente a la puerta. Sus dedos rozan el pomo cuando un sonido distinto se cuela entre las notas vibrantes. Algo que suena menos como hierro temblando, y más como... como...

Como plata y cobre chocando por primera vez. Y un escalofrío le recorre la espina dorsal.

Se vuelve, temblando. Tras de él, inocentemente sobre el suelo de parquet descansaba una moneda. Tragó saliva, repentinamente nervioso, se agachó, la cogió y la guardó en el frío bolsillo de la camisa, que la recibió con alegría. Súbitamente el alivio envolvió el cuerpo y un suspiro escapó de sus labios. Pero rápidamente fue sustituida la calma por euforia, una sensación de adrenalina inundando las venas llevando un único mensaje que no podía quedar más claro: MÁS.

Los ojos volaron por encima de su hombro hacia la puerta, pero ya no era ni por asomo tan atractiva como lo había sido hacía tan solo unos segundos. Ojos que vuelven a su sitio y quedan fijos en el suelo. ¡Qué afortunado es sin saberlo! Pues si los ojos se hubieran detenido tan solo un momento ante el enorme espejo junto a la puerta habría visto la incipiente cola de burro que nacía al final de su espalda, o las enormes orejas que crecían donde el cabello comenzaba a clarear. Pero no lo vio, porque ante él había una nueva moneda que lo llamaba por su nombre. Cogió esta también, y la siguiente que apareció tras esa, y la siguiente y la siguiente. Y con todas y cada una volvía esa sensación de euforia, de sentirse poderoso de nuevo. Con cada moneda que tomaba, una nueva aparecía poco más lejos, y él se arrastraba tras ellas como el bobo que había demostrado ser. Se interna en la oscuridad de la sala de estar, posa las manos en el frío suelo, se cuela detrás del pomposo sofá y encuentra la vasija de plata. No lo piensa, arranca la ligera tapa y hunde el nuevo hocico gris en la frialdad de las los cientos de monedas esperadas... Salvando el hecho de que la vasija...

- ¿Está vacía?

Los ojillos negros del burro miran aterrados a la sombra que se acerca sonriente y lo envuelve. Trata de gritar, llamar a los niños, a la mujer, a los que de pronto recuerda con amor. El nuevo corazón animal no sabe qué son las esferas brillantes desperdigadas en el suelo, rebuzna asustado nombres, pide perdón con lágrimas enormes. La sombra se ríe y el humo que la rodea se tiñe de rojo. Lo agarra y lo arrastra con ella, su risa por fin se oye sobre el sonido vibrante; la vasija temblando de terror. La plata que siempre supo cuál sería su cometido.

- Fin del juego – Y la sombra desparece, llevándose los tristes lamentos del burro consigo.

La luz del día se cuela suave a través de la cortina. Un hombre de rasgos elegantes se mueve bajo las sábanas para contemplar satisfecho a la mujer a su lado, sonríe y la despierta con un beso. Los dos salen de la habitación con las manos entrelazadas y se asoman a las habitaciones del único pasillo para despertar a los niños. Sonríen al descubrir que el pequeño ha dormido con su hermana, el pulgar fuera de la boca nuevamente.

La mujer lleva los platos, la más joven las tazas y el pequeño el mantel, que coloca junto al hombre de rasgos elegantes sobre la mesa oscura de la sala de estar. Cuando el desayuno está listo, todos se sientan y charlan alegremente. Las elegantes facciones de pronto se arrugan, el hombre se levanta y toma entre sus perfectas manos algo brillante escondido tras el sofá.

- Creo que quedaría mejor aquí – Dice sonriendo, colocando la vasija de plata sobre la mesa.

Ninguno pone objeción a la presencia del objeto entre los tazones, hasta que un extraño sonido se hace oír sobre el tintineo de los cubiertos. Algo parecido a un rebuzno. La mujer salta de su silla, alertada.

- ¿Qué ha sido eso?

El hombre se levanta y se pone tras ella, acariciando los firmes brazos.

- Yo no he oído nada – Y su sonrisa perfecta devuelve a la escena la paz inicial, – niños, ¿qué tal si vamos recogiendo?

Y ambos se levantan sin decir palabra. La mujer lo besa y va tras ellos. Él se queda solo y espera hasta oír el grifo abierto en la cocina para acercarse a la oscura mesa. Levanta la tapa de plata y de pronto su rostro hermoso se contrae, enrojece, sus ojos se vuelven amarillos, dos cuernos retorcidos se abren paso en su frente y de su sonrisa perfecta surgen un par de colmillos de pesadilla. Susurra entre dientes al interior de la vasija, de la que comienza a salir una humareda roja como la sangre. "Un lamento más, uno solo" su voz se ha vuelto pegajosa, repulsiva, de su boca escapa una lengua bífida, "y acabaré con todos". Los negros ojos del burro brillan en la antinatural oscuridad dentro de la vasija.

- ¿Ocurre algo? – La voz de la mujer lo alerta y cuando se vuelve su rostro ha recuperado toda la belleza y la elegancia que había perdido durante los últimos segundos.

- Nada en absoluto – Y de su bolsillo saca una moneda, que deja caer dentro de la vasija. El sonido que provoca al chocar con la plata crea una graciosa vibración, y todos la reciben con inusitada alegría. Bajo la vibrante nota de abundancia, un rebuzno intenta hacerse oír. Nadie parece escucharlo.

La Playa

Ven, acércate, déjame contarte de las maravillas que he visto en mis viajes. Déjame explicarte por qué valen la pena estas canas que ves en mi cabello, y por qué estas arrugas en mi frente son hermosas: Porque fueron capaces de ver el paisaje que estoy a punto de describirte, y si sientes paz una vez te lo hayas imaginado, el Universo sonreirá, y también lo haré yo, y también lo harás tú. Ven, déjame que te cuente...

Un enorme desierto de arena dorada, se abre ante un interminable mar azul turquesa, que se torna azul marino cuando las exóticas criaturas que moran en ese mar cruzan límpidas bajo las calmadas aguas como rayos de luna. En la orilla se encuentran las más hermosas conchas y caracolas de este mundo. El aire que se respira allí huele a mar y a libertad. Es por eso por lo que me gusta venir a este lugar, y sentarme a admirar el baile de las olas cuando rompen contra el acantilado, o a observar la inmensa luna plateada que duerme en paz mientras la mar le canta nanas con su dulce voz aterciopelada, y por si la luna despierta, las aves se visten de oro y plata y se dejan caer sobre los cocoteros más altos de la playa, y compiten por quien tiene la voz más armoniosa, consiguiendo que así que la luna vuelva a sumirse en dulce y profundo sueño. Cuando la joven reina plateada se va, deja paso a un astro mucho mayor que también ansía los cuidados de las increíbles criaturas de la playa, y así un nuevo día nace en Playa Extraña. La paz que en su brisa se respiraba se conservará siempre en los ojos de aquellos que fueron capaces de verla con los ojos aún cerrados.

Los Lienzos y el Cuervo

Borró desganada el rostro que acababa de dibujar, contemplando cómo las tranquilas facciones de carboncillo desaparecían, convirtiéndose en el proceso en una mueca triste y decepcionada. Ella suspiró y se miró las manos. Hacía años que no les prestaba demasiada atención, y el hecho la sumió en una angustia que no fue capaz de reconocer.

Habían envejecido. El tiempo había transformado la graciosa forma de estrella que una vez tuvieron en algo gris, común y simple. La piel áspera, las uñas mordidas. Incluso el color había sido víctima del tiempo. Lo que antaño había lucido reluciente y vivo como el Sol que le había dado su tonalidad oscura, había adquirido ahora el color amarillento de los lienzos, que tras sus sábanas y su silencio, murmuraban palabras de asombro. La mujer ante ellos... no la conocían; su rostro había sido transformado. "Un cruel hechizo" apostaban unos, "mala vida" decían otros. ¿Dónde estaban los carnosos labios? ¿Adónde habría ido la larguísima cabellera, cuyos mechones más de una vez habían sido ahogados en pintura para luego acariciar juguetonamente la superficie de los lienzos? ¿Qué había ocurrido con los brillantes escarabajos negros que tenía por ojos, que conocían arte en cada gesto? "Han escapado en busca de un rostro más bello" se burló uno. "Habrán volado en busca del verano, ¿no habéis visto? ¡El invierno hace siglos que llegó a su cabello!" Y todos rieron, sabiendo que nadie más que ellos se escuchaban. Pero de pronto uno chistó, furioso, y las risas se apagaron de inmediato. Una lágrima recorría perezosa la mejilla de la mujer.

El silencio se los comió a todos por un instante, y el tiempo aguantó la respiración, atemorizado. Mero espectador que impaciente anhela saber qué sucederá en el siguiente acto y gime cuando la lágrima estalla contra el suelo y cientos de diamantes salados son desperdigados sobre el suelo de madera. De repente el hechizo se deshace y el llanto rompe. Miles de lágrimas vuelan junto a las motas de polvo en el aire cargado. El silencio muere para dejar paso a la desgarradora orquesta de lamentos mudos y gritos ahogados. Los lienzos apartan la vista, seguros tras sus sábanas. Ella deja el taburete y se deja caer sobre la frialdad del piso. Encogida sobre sí misma, alarga una mano y agarra una manta a la que se abraza con mimo. "Ya no soy nada" se recrimina, "nada nuevo, nada de nada", se mira las manos antes de cerrar los ojos con fuerza. Bajo la oscuridad, tras los pesados párpados, los fantasmas cobran vida: Miles de esqueletos salen de los armarios, los malos recuerdos se cuelan por la ventana abierta y por la puerta cerrada. Se echa por encima la manta, temblando, y se envuelve en ella como una niña, convirtiéndose en uno de los lienzos: Cubierta y a salvo.

La fría voz del viento canta sobre la habitación. La respiración de la noche, suave y tranquila, deja colarse, entre suspiro y suspiro, un par de alas negras. Sin pudor ni vergüenza se acercan al rostro, acarician con sus plumas los párpados, que se abren poco a poco. La mujer despierta para encontrar a su lado al enorme cuervo, que la observa curioso sobre el oscuro pico. Aún adormilada, ella se levanta y el pájaro alza el vuelo. Por un momento la angustia vuelve, pero se disipa al ver que el ave no escapa, sino que se posa, todo arrogancia, sobre uno de los lienzos. Se atusa el brillante y negro plumaje y clava en la mujer los brillantes ojos nocturnos de forma casi descarada. Ella se acerca y corre la sábana que oculta al cuadro de ojos ajenos. El cuervo se eleva por un momento, evitando que la sábana lo arrastre con ella hacia el suelo, y se vuelve a posar cuando esta cae, permitiéndose observar la pintura, no sin antes contemplar el rostro de la mujer, preñado de sorpresa. Bajo la tela se escondía un retrato de sí misma, y los lienzos ahogan una exclamación al reconocer en la mujer del cuadro a aquella a la que tanto habían extrañado. Aquella que cantaba mientras dibujaba, que reía antes de mojar un oscuro mechón en pintura blanca para dar luz a los cuadros. Aquella que pintaba todos los días... Era la misma que había envejecido y los había abandonado, cubriéndolos con blancas mortajas, muertos y olvidados. La misma cuyo arte, estaba segura, se había desvanecido para siempre. Pero eran la misma mujer. Eran la misma y bajo su cinismo y bajo sus sábanas, los lienzos albergaban esperanza junto a sus pinturas escondidas.

Y ella lo sabía, lo supo en cuanto se reconoció en aquellos rasgos más jóvenes y más bellos, aunque carentes de experiencia y sabiduría. Aquel rostro brillante e ingenuo se le antojó simple y algo estúpido en comparación a la sabiduría que, ahora se percataba, había sustituido al brillo de sus ojos.

El cuervo permanecía quieto sobre el lienzo, sin perder detalle de la singular escena. La mujer se inclinó sobre su rostro pintado y besó la frente de óleo en un gesto casi maternal. Se volvió entonces, y con una nueva determinación, caminó hacia el fondo del estudio, para volver con algo pesado y cilíndrico entre las manos; un bote de pintura negra. Los ágiles brazos lo destapan, emborrachándose del olor frío que emana del tubo abierto, y acto seguido, con un movimiento fluido y elegante, los brazos se balancean, sosteniendo el bote de pintura, formando una curva perfecta, y dos pares de ojos negros ven cómo una ola brillante y densa de pintura salta desde el cilindro, permanece en el aire, suspendida por unos segundos como una mancha fresca sobre un cuadro viejo, y después cae sobre el suelo de madera. Salpica las paredes, las mortajas que cubren los lienzos, el rostro pintado y también el vivo, que sonríe.

Las manos reviven, el cuerpo comienza a moverse como no lo había hecho en años. Cae sobre sus rodillas y palmas, que se manchan en la marea negra sobre el suelo. Sus dedos empapados en pintura danzan y regalan una forma a la mancha uniforme recién nacida. Aliviada, un largo suspiro escapa de entre los labios, manchados también, y se deja caer. Su cuerpo, de pronto liviano, apenas suena al chocar contra la madera empapada. Se tumba boca arriba, estira los brazos, las piernas, y cierra los ojos. Sus manos, negras de pintura, se buscan y se encuentran en un abrazo.

Los lienzos ahogan una exclamación, el cuervo observa satisfecho la escena. En su pico oscuro incluso se podría distinguir una sonrisa inocente, casi tímida. Y levanta el vuelo y escapa por la ventana, pero no se ha ido; sobre el suelo de madera extiende sus alas de pintura negra un cuervo inmenso. Trozo de noche en forma de pájaro, iluminado de colores cálidos que nacen de los antaño dormidos lienzos, las sábanas por fin retiradas.

En su pecho palpitan dos corazones. El primero arrulla al segundo, soñoliento como un niño. Los ojos cerrados de la pintora acarician con las pestañas esa canción de cuna, la pequeña nariz adorando el olor fuerte de la pintura seca y húmeda a su alrededor, el pecho aferrándose cada vez con más firmeza a ese ritmo constante y tranquilo que trae el sueño.

La pintora al fin se duerme, protegida entre las brillantes alas de la que fue, no la más bella, sino la mejor de todas sus pinturas.

Era Hermoso

Corres. Huyes de la pira para adentrarte en un infierno. No lo pensaste, ¿verdad?. No, cómo ibas siquiera a imaginarlo, si el Bosque para ti siempre un refugio. Huías ahí de niña cuando el patrón pegaba a tus hermanos. Huiste ahí cuando te trataron de poner una alianza a modo de prisión.

Y ahora huyes para salvar la vida. Cualquier cosa antes que la hoguera, ¿verdad?

Pero el Bosque ya no es el mismo. Su bondad murió junto con tu inocencia robada. Al mismo tiempo en que cayeron tus armas de plata. La niñez ya no ilumina tus ojos, el Bosque se quedó a oscuras. Se quedó ciego, ahora arde.

Sigues corriendo, no entiendes nada. ¿Qué ha ocurrido? ¿Qué ha pasado? Tus pies descalzos pisan ceniza donde antes hubo ramas, las copas donde te escondías son antorchas, como las torres de un reino asaltado. Lloras, pero ni siquiera las lágrimas más sinceras pueden apagar el infierno, ni aliviar un corazón herido. Oyes pasos, te han encontrado. Oyes voces, pero no son las de tu cabeza. Casi puedes sentir su presencia sobre ti: Te hace daño.

Ya no puedes andar más, caes, te sangran las rodillas, te arden los brazos. Piensas esperar.

Dejar que te encuentren, esperar sola hasta el juicio final.

Pero entonces te das cuenta de dónde estás.

Frente a un roble que no se ha quemado en un claro aún no incendiado. Es lo que le queda al Bosque, el último brillo de bondad que le quedó, la parte de tu inocencia que nadie se llevó. Crees entonces que aún hay esperanza. Pobre.

¿Por qué tuviste que reparar en mí? Podrías haber huido, con tus esperanzas todavía intactas. Pero me viste.

Yo estaba allí, tirado, con las alas empapadas de sudor, y aún así, abrasado por el calor. Me tomas en tus manos. Lloras por un pobre gorrión muerto. Mis alas, mis patas, mi canto, algún día hermoso, también muere sin remedio. Tú lloras por un pobre gorrión muerto.

Tu llanto se convierte en rabia, miras a tu alrededor con ira.

Salen palabras de tu seca boca:

Era hermoso.-Lloras- ¡Era hermoso!

Tu Bosque, tu refugio, reducido a nada. Era hermoso. Era...

Te encuentran, te detienen, te llevan al pueblo y te dirigen a la plaza. Ves la pira y sonríes: Correrás la misma suerte que tu amado Bosque. Te atan, te amordazan. Encienden la hoguera. Mas yo sigo entre tus manos. Ardemos los dos juntos, me miras, miras a la gente que te observa aún asustada.

-No soy más que un gorrión al viento, -Dices con tus últimas fuerzas

-mis alas cortadas, mi pico hambriento.

La gente te abuchea te tienen miedo, te odian. Tú sonríes, me abrazas con más fuerza. Los dos ardemos.

Dos gorriones volaron aquel día.

El Hombre que Creía Ser una Rata, o Verde que te quiero Verde

No tengo manos. No las siento, no las veo, luego no tengo manos. Veo garras, veo pelo. Siento los arañazos a los que no puedo poner nombre. Son dos cosas infectas y deformes, con tres dedos acabados en navaja. No son manos; son armas.

Oigo de nuevo el grito, y me sorprendo hasta descubrir que el que ha gritado soy yo. Hundo cuchillas en mi carne y muero de pena al verlas derramar lágrimas, porque tampoco tengo piel. Estoy hecho de toda la porquería, de todo aquello de lo que la gente se deshace. No soy humano, soy una rata.

Grito de nuevo, grito cada vez más fuerte. Todo ha vuelto a desaparecer. Estoy enjaulado, no tengo piel, ni manos, soy una rata inmunda que llora ácido desde una vista envenenada. Todo lo veo borroso, y todo lo veo gris. Yo soy gris, el mundo es gris. Todo se difumina y se corrompe cuando yo lo miro, y cuando consigo enfocar algo, se deshace lentamente, derritiéndose y fundiéndose con el suelo, riéndose de mí. "¡Feo!" me grita "¡Feo!" y muere.

Las paredes caen sobre mí, o yo caigo sobre las paredes. También ríen, tola la jaula se ríe. "¡Callaos!" ordeno. Me veo reflejado en mis lágrimas y en mi vergüenza. Me horrorizo. Soy gris. ¡Gris! Destruyo a mi reflejo, me destruyo a mí mismo. Castigo mi cuerpo con caricias disfrazadas. Pasando por mi rostro dedos convertidos en navajas. Me corto las orejas y las risas siguen estando ahí. Golpeo el suelo con mi cabeza sangrante. El color gris se apodera de mi mente, abrazando mi cerebro, arrullándolo para que se duerma. Estoy cayendo, caeré...No caigo.

Mis ojos enfermos se aferran con las pestañas a aquello que los ha salvado. Está muy difuminado, como una mancha casual en la paleta de un artista caprichoso, pero lo veo. Es precioso. Es lo más hermoso que un alma podrá jamás encontrar. Está vivo, es muy pequeño y no es de color gris.

Intento acercarme, trato de tocarlo y lo consigo. Es tan hermoso que temo que pueda malograrlo con mi tacto. Pero no cambia. No muere al yo mirarlo, ni se pudre al tocarlo. Sigue igual, con ese fantástico y hermoso color… "Verde" me digo en voz alta. "¡Verde!" mi risa suena desquiciada y enferma, pero feliz. Doy saltos de alegría, golpeando el techo en cada despegue y el suelo con cada aterrizaje. Tropiezo con mis orejas y no me importa. Soy feliz porque el mundo tiene un nuevo color.

Entonces saltan las alarmas. La puerta de la jaula se abre, me agarra y me arranca de mi prisión. Me arrastra hasta la puerta, grito: Mi mundo de color verde se hace cada vez más pequeño. "¡No!" Suplico, "¡no!" Me desembarazo del agarre y trato de internarme nuevamente en mi pozo de esperanza. Pero soy una rata. Me agarran y me sacan a la fuerza. El mundo cae en ese momento. El gris se cuela por mi boca y llega hasta el corazón, asfixiándolo. Pierdo la voz y el conocimiento, pero mi voluntad consigue escapar de aquella trampa en forma de una palabra: Verde.

Dos hombres vestidos con batas blancas se miran el uno al otro, consternados. Observan al joven muerto en el suelo.

-¿Ha dicho algo?- Pregunta uno, señalando al cadáver.

-Ni idea, de todas formas estaba loco, ¿qué iba a decir?

-No lo sé. Me pareció oírle algo.- Se asoma a la habitación y frunce el ceño.

-Dile al jardinero que corte mejor las enredaderas. Algunas hojas empiezan a verse.

El otro asiente y ambos se van. Fuera, el viento mueve la planta, y una hoja, la más pequeña, se estremece. Una voz en el viento le dice "verde que te quiero verde…"

El Monstruo del Amor

Quizás estas sean las últimas palabras que pronuncie como una persona cuerda, o al menos considerada como tal. En breve dejarán de considerarme persona y pasaré a la clasificación de monstruo. No serviría de nada decir que todo ha sido un error, porque mentiría. El único error aquí es que yo siga viva.

De cualquier manera éstas serán mis últimas palabras antes de caer en el olvido. Puede que algún día alguien encuentre este manuscrito y se pregunte qué fue lo que ocurrió entre aquellas paredes, o qué pasaría por aquella cabeza. Sea como sea, con estas palabras pretendo confesar mis crímenes y demostrar que hay una par de mí que aún hoy se arrepiente.

Intentaré presentar los siguientes hechos de forma concisa para que los señores y señoras del jurado no les surjan dudas a la hora de decidir.

Yo a él lo quise más de lo que jamás nadie ha sido capaz de amar a una persona pero él no lo sabía. Día tras día, rehuíamos sendas miradas, y siempre preferimos ignorarnos el uno al otro que salvar las barreras que nos superaban. Pero jamás nos atrevimos a dar el paso. Además, señoras y señores del jurado, he de testificar que el hombre del que hablo, salía con otra chica en aquel momento, Nancy Brooks, la primera víctima.

Sí, la odiaba, pero no le deseaba la muerte. Aquella noche yo estaba borracha, y me la encontré saliendo de la universidad. No sé qué fue lo que me pasó, pero algo me impulsó a insultarla, a descargar mi ira a ella. Sol la empujé. Solo fue eso, un empujón, pero fue suficiente para que su sangre tiñera la calzada de rojo.

No me descubrieron, ni tuve las agallas de ir a su funeral, pero por lo que me contaron, él tampoco se presentó. De hecho, a las pocas semanas de morir Nancy, él comenzó a salir con otra chica, Leah Parrot. Algo había cambiado en mi mente tras la muerte de Nancy. Ya no me sentía culpable, solo celosa de aquella nueva chica que ocupaba un puesto que a mi parecer era mío. Desee que se muriera y lo desee tanto que ocurrió. Fue atropellada por un coche. Fue un accidente, pero fui yo quien deseé que desapareciera. A este funeral él tampoco asistió.

Más tarde descubriría por qué no iba a despedirse de aquellas chicas, pero la verdad es que en aquel momento no me lo planteé demasiado. La tercera y última víctima, Ginger Thomas, monopolizaba mi mente por completo. Creo que fue aquí donde toqué fondo, cuando Ginger apareció muerta en el fondo del lago. Las cosas no debían seguir así. No podían seguir así.

Y fue así como por fin me atreví a hablar con él.

El resultado no fue el que yo esperaba. Tenía la capacidad de hablar... pero hablar en letras mayúsculas. De su boca siempre salían las palabras perfectas, diciendo siempre exactamente lo que quería decir. Fue así como me explicó que jamás quiso a aquellas chicas. Él era superior a ellas, siempre iba un paso por delante de ellas. Le aburrían. Y eso era algo que no le ocurría conmigo.

¡Quién me hubiera dicho que toda esta tragedia se habría podido evitar de haber tenido el valor de acercarme! Pero lo hecho, hecho está, y yo no podía cambiar el pasado.

¡Por favor, que me perdonen las familias de las víctimas cuando digo que me sentí feliz! ¡No me río de su dolor! Solo pido que traten de imaginar cómo es, cuando dos seres completamente opuestos al mundo que los rodea, pero idénticos entre sí, se encuentran. Ese encuentro significa el final de la soledad. Pero no hay final feliz para aquellos que cometen pecado mortal.

La culpa me invadía una mañana, y sin poderlo evitar, le confesé mis crímenes "¡Yo maté a Nancy, Leah y Ginger!" le dije entre sollozos. ¡Nancy murió por mi culpa! Y deseé tanto las muertes de las otras dos, que acabaron sucediendo.

El me miró largo rato, y con sus palabras le dio las últimas pinceladas a este cuadro grotesco que es nuestra historia.

"Tú mataste a Nancy" me dijo. "Pero es imposible que mataras también a Leah y a Ginger" la certeza me golpeó como un mazo, "Porque las maté yo" confesó al fin.

Recuerdo cómo, en el silencio, nuestras mentes brillantes y asesinas compartieron una idea. Si era en monstruos en lo que nos habíamos convertido, debíamos ser nosotros mismos quienes eliminasen a aquellos monstruos. Yo le dispararía a él y él a mí. Pero él falló el tiro. Me dejó malherida, pero no me mató.

El único consuelo que me queda es que le ofrecí una muerte rápida e indolora, pero ese consuelo no calma el dolor que siento al pensar en cómo había sido todo si hubiésemos hecho bien las cosas.

Lo último que me gustaría constatar, señores y señoras del jurado, es que no me confieso para limpiar mi alma y enternecer la mirada de Dios, ¡Que se ciernan sobre mí las llamas del Infierno!

Porque ahora sé que si ardo, arderé junto a él.

El Vestido de Seda Salmón

Las manos se deslizaron cariñosas sobre la tela, palpando su suavidad. Los ojos bebieron de su color suave y los finos labios sonrieron, despertando a las miles de arrugas que dormían en las comisuras. Cansadas las ancianas piernas de estar de pie, la vieja mujer arrastró un taburete frente al maniquí de madera y se sentó con un suspiro de alivio. Sus dedos se juntaron bajo su barbilla y continuó contemplando el magnífico vestido de seda salmón.

Dos niñas corrían colina abajo, resbalando con la húmeda hierba, cayendo y rodando una sobre la otra entre mil risas. Los enormes lazos de colores que adornaban sus cabellos y vestidos resaltaban como flores sobre el verde de la primavera. Por unos meses, antes de que las verdaderas flores se atrevieran a despertar, ellas dos serían las más bellas margaritas de la pradera. Sin embargo, poco les importaba eso a las dos hermanas, que infantiles y llenas de vida se persiguieron hasta que la colina se convirtió en explanada y la casa de su madre apareció a pocos metros, como un refugio dulce bajo el Sol primaveral.

- Seguro que no puedes llegar a casa antes que yo. – Retó la mayor.

- ¡Claro que sí! – Respondió la pequeña, echando a correr.

Y así, tras una carrera salvaje sobre la llanura, con los vestidos volando tras ellas, las niñas llegaron a casa, incapaces de discutir quién había ganado, pues la vista que las recibió en el salón era demasiado impresionante.

Aquella fue la primera vez que vieron el vestido de seda salmón.

La mujer exhala pesadamente y se lleva una mano al rostro. Cuántos recuerdos había dejado a merced del tiempo que ahora volvían, resurgiendo de entre el polvo fino que cubría la seda. Aquella pequeña obra de arte había pasado tantísimos años escondida de la luz… Igual que ella.

Su madre las miró a las dos desde el taburete al que se había subido mientras le daba las últimas puntadas al bello traje que vestía al porte de madera.

- ¿Veis este traje, pequeñas? Pues es para vosotras. Ahora no os valdrá, porque aún sois niñas, pero quiero que me prometáis una cosa…

Los ojos de la anciana se cerraron, conteniendo lágrimas que sabía, estaban tardando en aparecer. Su madre les había hecho prometer que si alguna de las dos se casaba, la otra debía llevar puesto el vestido, porque le recordaría a aquella tranquila y bella tarde en que las dos llegaron a casa sonriendo. Le recordaría a la infancia que compartieron, a las noches de llanto y consuelo. Una debía llevar puesto el traje de seda salmón para infundirle a la otra valor y coraje. Para no dejar de decir nunca "te quiero." Por fin, las lágrimas se abrieron paso a través de los ojos cerrados y se deslizaron mansamente sobre el anciano rostro.

Las dos estaban sentadas y aburridas ante una de las encantadoras mesas blancas que llenaban el jardín de los vecinos. Había jóvenes bailando, charlando y riendo por todas partes y aunque parecía divertido, las hermanas deseaban quitarse de encima medias y sombreros y correr por la ladera. Quizás podrían bajar rodando la colina como solían hacer de niñas... Las dos se miraron y rieron, sabiendo que pensaban lo mismo. Pero de pronto la risa de la menor se detuvo, y el corazón comenzó a latirle muy fuerte. Al otro lado del jardín había un joven apoyado sobre la verja, el cabello negro despeinado y los ojos avellana mirando al infinito. Hasta que decidió mirar hacia donde estaban ellas, y el pecho de pronto era demasiado pequeño para aguantar los insistentes latidos del joven corazón. Madre mía se estaba acercando, ya llega, ya llega.

- ¿Me concedería el honor? – Dijo él, y extendió una mano.

El mundo de repente se cayó a pedazos, se desmoronó, caían trozos de cielo y la hermana más joven era la única que se daba cuenta. Aquella mano no había sido extendida para ella, sino para su hermana.

La anciana se levantó y oyó quejarse a sus rodillas, pero no le importó, y comenzó a dar vueltas alrededor del maniquí. En qué habría pensado su madre, sabiendo que serían jóvenes y estúpidas, ¿cómo no pudo ver venir que algo tan absurdo como los celos podría separarlas? Las lágrimas ya no son suaves ni tenues, caen como ríos desbordados. De los labios finos escapa un ruego: "Perdóname..."

El enorme espejo del salón le devolvió su imagen vestida de blanco. No recordaba haberse visto tan bonita en su vida, dio dos vueltas sobre sí misma, hasta que paró entre carcajadas, sintiéndose tonta. Su risa se cortó de golpe al ver a su hermana tras ella. Vestía su sempiterna expresión de enfado, los brazos cruzados sobre el pecho y un vestido gris que no la favorecía. La mayor alzó la mirada al techo; si su madre la hubiera visto.

- ¿Ni siquiera vas a hacerlo por mamá? A ella le hubiera gustado verte con el vestido en mi boda.

Los ojos brillantes de la menor la analizaron de arriba abajo, como se había acostumbrado a hacer con todo el mundo.

- No voy a ponerme el dichoso vestido, me queda fatal. Estoy segura de que mamá sabía que me quedaría mal, así solo se fijarían en lo preciosa que va su hija hacia el altar.

La expresión de felicidad de la novia se tornó rígida y severa.

- ¿Cómo puedes hablar así? Te comportas como una niña pequeña. Todo el día murmurando como una vieja, incapaz de alegrarte por nadie. ¡Soy tu hermana y es el día de mi boda! ¿Cómo no puedes alegrarte por mí?

- ¡Y para qué! Ya lo hace todo el mundo. No necesitas que tu insoportable y fea hermanita vaya detrás con un vestido rosa diciéndote lo feliz que serás.

Las miradas de ambas se encontraron. Eran idénticas. El mismo color, la misma ira y el mismo orgullo.

- Crece de una vez.

Y con esas palabras, la novia abandonó la casa, se subió al coche que la esperaba en la puerta y puso rumbo a la catedral.

La más joven la vio marcharse desde la ventana, y una vez desapareció el coche tras la esquina, comenzó a maldecir en voz alta y a patear todo cuanto encontraba. Lágrimas de rabia corrían por su rostro, espantadas. Arqueó el cuerpo hacia adelante y se zafó del vestido gris, al que lanzó contra la pared. En ropa interior y con los zapatos aún puestos, se dejó caer sobre el sofá, abrazándose a sí misma, incapaz de contener los hipidos de un llanto que no entendía. Una voz tímida y débil le suplicó que se vistiese, se arreglase y corriera a hacer las paces con su hermana. Pero una voz mayor y más oscura y poderosa la instaba a rebelarse. Por un instante, pareció que la voz de la razón había vencido, pues la joven se deslizó con fastidio hasta colocarse ante el mismo espejo que había reflejado poco antes a su hermana. Sus manos palparon su cuerpo casi con asco, con desprecio, pellizcando la piel en las zonas que más detestaba. Su imagen en el espejo comenzó a burlarse de ella, y su risa malévola inundó el salón, colándose en todas partes. Bajo la mesa, tras el papel de las paredes, en los cajones que de pronto se abrían y cerraban, locos de risa. Asustada, volvió a mirar al espejo, sus manos volaron hasta su boca en un intento de callar un chillido de sorpresa. La imagen que ahora había ante ella no era otra que la de su hermana, radiante y preciosa con su traje de novia, tal y como la había visto hace tan solo unos momentos. La mera visión la repugnó, y fue suficiente para llenar su corazón de odio. Cegada por la ira, subió hasta el altillo donde su madre había guardado el vestido salmón hacía tantos años. Ahí seguía, dormido plácidamente en su percha, como un pájaro en una rama que no se espera el ataque del gato. Rápida, lo descolgó y lo apretó contra su pecho. No solo no vestiría la última prenda que las mantenía unidas, debía hacer desaparecer aquel símbolo de amor. Porque ella no sentía ninguna clase de amor en aquel momento. Guardó el vestido y algunas cosas más en un saco, casi le sorprendió que la prenda no gritase, aquello se parecía demasiado a un secuestro, y de alguna manera, lo era. Pensaba robarle a su hermana los buenos recuerdos que aún les quedaban, lo poco de su infancia que aún podían palpar. Ella no lo necesitaba, tenía a toda esa gente adulándola, tenía a ese bobo que se casaba hoy con ella, no lo necesitaba. Ni al vestido ni a ella. Finalmente se vistió y abandonó la que había sido su casa desde que tenía consciencia. El orgullo le impidió mirar atrás.

Las rodillas cedieron en un grito de angustia, y la anciana fue a dar con sus huesos al suelo, sosteniéndose a sí misma, llorando sobre su propio hombro. Pronto el raído chal no bastó para acallar sus lágrimas, y se rindió, mostrando su rostro roto de melancolía y arrepentimiento al vestido, que la miraba con lástima desde el maniquí. Por un momento creyó que la madera se movería y que trataría de consolarla, pero nada sucedió. Estaba sola. Se había pasado años rogando a voz en grito que la dejasen tranquila, que no necesitaba a nadie... Y lo había conseguido.

> - Perdóname. – Volvió a suplicar, los brazos abriéndose. – Qué tonta, qué tonta fui...

Habían pasado más de treinta años. Más de treinta años encerrada en sí misma, alejada del mundo, negándose a cualquier tipo de sentimiento, rechazando cualquier recuerdo. Y ahora que por fin había encontrado el valor de sacar el vestido de su jaula, del fondo del baúl al que lo había confinado, la terrible sensación de que todo estaba perdido la devoraba y y la engullía. Un terrible nudo en su estómago se volvía cada vez más y más fuerte, tensándose dentro de ella. ¿Realmente era demasiado tarde? Como una respuesta a sus plegarias, una ventana se abrió de golpe, empujada por una brisa cálida que la envolvió, apenas un fantasma del abrazo que tanto necesitaba. Brillantes rayos se colaron en la habitación, que ya no era oscura. La fría madera del suelo se volvió agradable, las paredes acogedoras y el vestido resplandecía, casi tanto como aquella tarde de primavera en la que su hermana y ella entraron a la carrera en casa de su madre. Como aquel tiempo en el que todo eran risas y amor y complicidad. Las lágrimas cesan y una sonrisa nace, se pone en pie. Aún tenía una oportunidad.

Pocos minutos más tarde, una figura envuelta en seda salmón escapaba de la casa, flotando sobre la hierba húmeda, descalza y dejando tras ella el eco de su risa.

Sus pasos se detuvieron frente a una enorme mansión victoriana, se permitió admirarla por unos instantes, mas no había tiempo que perder. Como una exhalación, movida por un viento primaveral que aún soplaba en su mente, atravesó la entrada y subió por la escalera que sabía, la llevaría a su destino. Creyó oír los gritos escandalizados de la criada, pero no le importaron, llegó hasta la puerta que buscaba y la abrió sin miedo; su hermana casi se desmayó al verla en el umbral.

Ambas mantuvieron la mirada de la otra, tal y como habían hecho tantísimo tiempo atrás, salvo que esta vez no había miedo, no había resentimiento, ni orgullo, solo una promesa y una disculpa. La menor se adelanta y deja que sus brazos envuelvan a su hermana, aún postrada en la cama, quien devuelve el abrazo y apoya el rostro en el cabello ahora canoso. De un momento a otro, todo parece correcto y hay calma dentro de las dos.

- Te has puesto el vestido.

La menor sonríe.

- Para darte coraje, hermanita. Para no dejar de decir nunca que te quiero.

La mayor se aferra a su hermana con más fuerza, el sol se cuela por la ventana y se une al tierno abrazo. Cuando los ojos de las dos se vuelven a encontrar, no hay arrugas, ni canas, ni tristeza, ni recuerdos robados o perdidos; vuelven a ser las dos niñas que bajaban rodando la colina. El viento de primavera ha venido a buscarlas.

En la pradera, dos flores tímidas se abren al suave arrullo del calor.

La Tormenta de los Instintos

Del día de mi nacimiento tan solo recuerdo el ruido de la lluvia, atronador y húmedo, visitado a veces por truenos y relámpagos, que convertían las respiraciones entrecortadas de mi madre en arrullos tímidos y débiles. Mis gritos y berridos de victoria al llegar a este mundo quisieron hacerse oír sobre el plomizo cielo, y, orgulloso del efecto que mis llantos tenían sobre los rayos, volví mis ojos que aún no veían hacia mi madre, buscando una sonrisa, unas palabras de aliento. "¡Sigue gritando!" quería que me dijese "¡grita y haz que calle la tormenta!". Pero mi madre no dijo nada; ya no se movía. Mi voz se quebró y las lágrimas que cualquiera habría achacado a mi recién estrenada llegada al mundo no eran tal, fueron lágrimas de pérdida, de impotencia. No todos los días uno aprendía lo que era nacer y morir en el mismo segundo.

De pronto, un olor nauseabundo comenzó a levantarse desde los ríos que corrían por la calle empedrada, y a mi lado pasó veloz un cadáver diminuto, arrastrado por las corrientes venidas del cielo. El hedor a muerte que dejó se quedó impregnado a mi recién estrenada piel y lloré aún más fuerte, aterrado, mientras olía a la muerte pasar a mi lado, llamándome por encima del agua. "¡Mamá!" imploré yo en el lenguaje de los niños, "¡oh, mamá por Dios, no dejes que el agua se me lleve a mí también!" Los truenos rieron e hicieron retumbar la tierra. Mas esta no respondió del modo que la tormenta se esperaba. De las entrañas del alcantarillado, que peleaba por no desbordarse, surgieron miles de animalejos peludos y feos, que se movían rápidos sorteando las olas sucias de la calle.

El viento pareció enfurecerse y bajó a mi lado para zarandearme y golpearme, su trato hostil logró apartarme de mi refugio, aún entre las piernas de mi madre inmóvil, y me arrastró hasta el centro de la calle, donde un río de barro, lágrimas y lluvia fluía velozmente. La fuerza del agua comenzó a tirar de mí. El fin del mundo que parecía tener lugar sobre la ciudad se carcajeaba, animando al viento a empujarme. Pero de pronto sus risas cesaron y el universo entero contuvo el aliento, al tiempo que yo sentía que la vida se me iba por algún lugar desconocido de mi estómago. El cordón que aún me unía a mi madre se mantenía tenso como un cable entre nosotros, salvándome de aquella corriente inmunda. Recuerdo oír al viento gritar con furia y que el mundo comenzó a moverse muy deprisa. Los segundos los marcaban las míseras patitas de los roedores que habían salido del suelo, chillándose órdenes los unos a los otros, volando sobre el agua, colocándose todos en medio de aquel caudal infernal, formando una barrera peluda y gritona por la que aún pasaba el agua, pero que salvaría a un cuerpo pequeño de precipitarse hacia el vacío. El cordón se tensaba cada vez más y sentía que todo el cuerpo me ardía a pesar del frío y la humedad. A mi lado llegó uno de aquellos animales, algo mayor que el resto. Yo temblaba y volvía a rogar a mi madre que se levantara, que me sacara de ahí, la luz de los rayos me asustaba, la lluvia cada vez era más fuerte. "Mamá, por favor, llévame a casa..." y a mi silenciosa súplica en un idioma que solo las madres debían entender, la enorme rata respondió, cortando con los dientes el tenso cordón que me hacía humano. El agua vio su oportunidad y tiró de mi cuerpo débil de tanto llorar, mas no consiguió darme muerte aquel día, pues la muralla pulgosa de ratas frenó mi descenso.

Desde una ventana, unos ojos malignos observaban cómo los animalillos, empapados y cansados, lograban apartarme de la corriente y me llevaban junto a ellas al mundo que existía bajo el suelo.

- ¡Bastardo hijo de las calles, parido en un callejón y salvado por las ratas! ¡Quién sabrá qué futuro te espera allá adónde vas! Pues lo que los vientos hoy han intentado, tenlo claro, el mundo lo volverá a intentar. ¿Te atreverás, hijo de la tormenta, a regresar?

Más tarde, resguardados todo bajo las calles, escuchando los lamentos de la lluvia, las ratas se acurrucaron junto a mi cuerpo lampiño, amontonándose, bostezando a coro, felicitándose por la grandiosa hazaña del día. La mayor de todas, aquella que había cortado el cordón, corrió a tumbarse junto a mi cabeza y se recostó en mi mejilla. Cómo me sorprendí al sentir en aquel roedor el mismo calor maternal que llevaba nueve meses sintiendo, y cómo me complació el oler el tibio aroma de la leche. Y de repente me di cuenta, y casi me sorprendió, de que, por primera vez en mi corta vida, había dejado de llorar.

De las ratas aprendí a obedecer a los primeros impulsos, pues eran los que dictaba el alma sin haber cuestionado antes a la gélida razón. Me enseñaron a tener un concepto de mí mismo nauseabundo y desaliñado que me dio una libertad inusitada y maravillosa. Descubrí que cuando el mundo da por sentado que uno es sucio, feo o sencillamente está loco, se alcanza una felicidad total, pues se puede hacer cuanto uno quiera sin dar más motivo que el de "soy una rata". Se me instruyó en el arte de apreciar todo cuanto tenía a mí alrededor. Las ratas vivían poco, y por eso cada instante era precioso, cada bocado, delicioso y cada nueva vida que nacía, un regalo. Sin darse cuenta de ello, mis mudas y alegres benefactoras me hicieron poseedor de una filosofía de vida regida por la simplicidad y el amor a la misma. Sin embargo, creo que durante algún punto en mi crecimiento me cansé de maravillarme ante cada nuevo sonido, ante cada olor desconocido o tímido y brillante rayo de Sol que se colara valiente en las alcantarillas. Pues tenía la mala suerte de contar aún con el instinto humano en mi sangre, la eterna necesidad de más, la maldición del pensamiento progresista y obsesivo, que un día me arrastró hasta la luz, a explorar el mundo bajo el que había vivido todo aquel tiempo. Hipnotizado, embriagado de curiosidad innata, trepé por las húmedas escaleras y aparté la inmensa piedra que había sido el cielo de mi infancia; la luz del Sol me devoró por completo, devoró el frío de mi cuerpo y la vista de mis ojos. Gateando, moviéndome a tientas con aire furtivo, inmigrante del subsuelo, extranjero del reino de las sombras, yo, hijo de las ratas, me erguía ahora y echaba a caminar por el mundo de los hombres.

Desde la herida abierta del suelo, cientos de ratas observaron mi partida, diciendo adiós con la mirada.

Dejaron mis ojos de extrañar la agradable oscuridad de las tuberías y comenzaron a amar la luz, mi cuerpo desnudo, al que jamás había prestado atención, se me presentaba ahora como desconocido y prohibido. Un extraño pudor que rozaba la religiosidad me movió a cubrirme, a esconder la obra de un Creador anónimo con harapos y sucias telas. No entendí mis propios actos. Era tan curioso cómo el aire de aquel mundo despertaba mi verdadera naturaleza, solo para ordenarme reprimirla un segundo más tarde... Mis pasos, cada vez más seguros, guiados por una voz que no era la mía, me llevaron hasta las concurridas calles de una ciudad que bullía de energía. La llamada de mi propia especie hacía que se me dislocasen todos los sentidos. Un corazón que no sabía que tenía comenzó a latir con fuerza, emocionado, nervioso; no me había percatado jamás de mi propia hambre de compañía. Y así, henchido de coraje, me interné en el mar de gente que se abría ante mis pies descalzos.

Llegaba en un día de fiesta, y la ciudad se vestía de mil colores. La brisa llevaba música hasta los oídos más rezagados. Me sorprendió que no me descubrieran, que no se me señalase como aquel recién nacido rechazado por el viento y por la lluvia. Era un humano más entre miles, y aunque en un principio esto pareció aliviar a mi solitario corazón, pasados unos minutos solo me hizo sentir aún más solo. Había música, había color, había luz y había vida, pero, ¿qué le pasaba a aquella gente? De mirada ausente y gesto frío, sonreían casi por obligación, sus movimientos parecían calculados, sus rostros máscaras corteses que trataban de esconder un miedo irracional a cometer un error. ¿Por qué no despertaban? El aire que respiraban oprimía sus más íntimos deseos, los volvía sumisos y tranquilos. Todos caminaban al son de un mismo ritmo, el de las agujas de un reloj que inevitablemente no dejaban de mirar. Yo no pude contenerme, abrí mis brazos al cielo y grité, salté, reí. No me importaba que me señalaran, no me importaba ser el animal salvaje del que la sociedad rehuía. ¡Estaba vivo! ¡El Sol brillaba! Y si algo había aprendido del tiempo que pasé bajo el suelo, era que la Vida era un puzle del que todos formábamos parte, mas debíamos ser conocedores de que, nuestro único deber como piezas era el de hacer notar nuestra ausencia si faltábamos o desaparecíamos. Pues el puzle quedaría incompleto sin nuestra presencia.

- ¡Dejad que la Vida sepa dónde estáis! — Y algo debió de hacer mi voz, algo que no había logrado el día en que nací; se hizo oír, y todos la escucharon, pues el tenso hilo que aprisionaba sus facciones se cortó, respiraron relajados.

Tímidas demostraciones de alegría comenzaron a nacer entre la multitud; de pronto un joven se arrodillaba y besaba la mano de la compañera a su lado, los niños se aliaban con la mirada y salían en tropel al segundo siguiente, todos perdieron el miedo y se unieron a mi baile alocado, felices de escuchar por fin, de sentir sus corazones latir al son de la vida. En ese momento me di cuenta de por qué yo no era diferente a aquellos seres, mis orígenes no eran menos que los suyos, ni los de ellos mejores que los míos. A su manera, todos los seres humanos habían sido criados y amados por animales. Ellos mismos lo eran. Las mujeres que habían crecido entre gatos se revelaban de repente elegantes y misteriosas, aquellos hombres que alguna vez hubieran conocido el cariño incondicional de un perro se presentaban como fieles y divertidos caballeros. Niños que se perseguían igual que jóvenes leones, niñas que parpadeaban cual mariposas.

¿Éramos o no, todos hijos del mismo verso? Éramos todos estrofas, entonando una melodía en la que la palabra humana se unía al gruñido animal. La plaza se llenaba de maullidos, ladridos, rugidos, cantos, risas y palabras. ¡Escritores, hijos de los cuervos! ¡Amantes, hijos de los cisnes y de las gaviotas! ¡Inquietos, gorriones a punto de volar! ¡Intelectuales, almas felinas! Y yo, hijo de las ratas, el hombre que nació en un callejón, que respondió a la tormenta, que creció bajo el suelo y que hoy despertaba a mi propia especie. Una alegría instintiva y antigua nos envolvía, las gotas comenzaban a caer del cielo. Rayos y truenos corearon en la distancia. Yo era el jarro de agua fría, la lluvia sobre los párpados cerrados, la nueva tormenta; la tormenta de los instintos.

BIOGRAFÍA

Estefanía Pérez Naranjo, nacida en Las Palmas de Gran Canaria en 1998, despistada, inquieta y ávida devoradora de libros. Tras pasar años escondidos en la seguridad de un cajón, estos relatos, nacidos entre el primer y cuarto curso de secundaria, buscan ahora la manera de escapar de la comodidad regalada que brinda la mano anónima para ver la luz. Pese a que algunos de ellos ya conocen las delicias del humilde triunfo, habiendo sido premiados en distintos concursos literarios, entre los que destaca el 52º Concurso Jóvenes Talentos de Coca Cola, en la categoría de relato corto.

www.ingramcontent.com/pod-product-compliance
Lightning Source LLC
Chambersburg PA
CBHW022050170626
46808CB00003B/1419